Collected Tales from Aesop's Fables

Copyright © 1986 Victoria House Publishing Ltd

Produced for Blackie and Son Limited by Victoria
House Publishing Ltd

British Library Cataloguing in Publication Data
Aesop
  [Fables, *English. Selections*] Collected
  tales from Aesop's fables.
  I. Title   II. Biro, Val
  823′ .914[J]   PZ7

    ISBN 0–216–92079–5

Blackie and Son Limited
7 Leicester Place
LONDON WC2H 7BP

Printed in Hong Kong

Collected Tales from
AESOP'S FABLES

Illustrated by Val Biro
Adapted by Jean Kenward

Blackie

Contents

THE ANT AND
THE DOVE

An ant went to a garden pool to take a drink. But he fell into the water, and was almost drowned. Luckily, there was a dove sitting on a tree nearby who saw what was happening. She pulled a leaf from the branch with her beak, and dropped it gently into the water. The ant climbed onto the leaf, and it drifted to the shore. The tiny creature was safe.

At that very moment, a man was spreading his net to try to catch the dove. The ant saw what he was doing, so he scuttled up, and stung the man's heel. Of course, this made the man drop the net, and the dove flew safely away.

One good turn deserves another.

A LOT OF MICE

There was once a house that was full of mice. They were always making squeaking and scratching noises.

'I must get rid of them,' sighed the man who lived there. 'I shall have to buy a cat.'

He set off in the morning carrying a basket, and came home that night with a fine tabby cat.

'Miaow! Miaow!' The cat started work at once.

The mice were very upset. They called a meeting to decide what they should do.

'How are we to get rid of this terrible creature?' they asked.

'I am worn out with being chased,' said one.

'My tail has become quite thin,' said another.

'I know!' squeaked a young mouse. 'We must put a bell on the cat. Then we shall hear when she is coming, and we can get out of the way!'

'What a fine idea!' cried the others, clapping their paws.

But one very frail, old mouse was not so happy.

'That is all very well,' he told them. 'But it is harder than you might think. I ask you—who will be brave enough to tie the bell onto the cat?'

The mice looked at one another and trembled. No-one answered.

Don't expect others to do what you are afraid to do yourself.

THE WOLF AND THE HOUSE DOG

One night, a wolf met a dog. The dog was taking a walk, but the wolf was looking round the dustbins in the hope of finding something to eat, because he was very hungry.

'I wish I looked as well as you do!' said the wolf. 'What cruel weather! It's as much as I can do to stay alive.'

'Well,' answered the dog, 'why don't you take a job like mine? It is easy, and I am very comfortable.'

'Really?' asked the wolf. 'What do you do?'

'Why, I just have to guard the Master's house and keep burglars away. That's all.'

The wolf thought.

'I would be happy to do that,' he said. 'I don't remember when I last had a good meal.'

'Come along with me, then,' said his friend. 'I'll take you to my Master and we'll see what he has to say.'

As they were trotting along together the wolf noticed a strange mark on the dog's neck.

'What's that?' he asked. 'Have you had an accident?'

'Oh no, it's nothing,' replied the dog.

'Do tell me—I want to know!' said the wolf. 'Why do you have a mark on your neck?'

'It's because I wear a collar,' explained the dog. 'You see, I am chained up in the day time.'

'Chained up?' cried the wolf in horror.

'You would soon get used to it,' went on the dog. 'And think of all the petting you would get—not to mention the delicious food!'

'Wait,' cried the dog. 'Where are you going?'

The wolf began to hurry off as fast as he could run.

'I could not bear a chain!' the wolf called over his shoulder. 'Even if I am cold and hungry, I am free. I can do what I like. Goodnight!' And he disappeared into the forest.

Freedom is better than a comfortable prison.

THE TOWN MOUSE AND
THE COUNTRY MOUSE

A country mouse invited his friend, who lived in a town, to visit him. He took a great deal of trouble making his little home clean and pretty, and brought out his best store of nuts, seeds, acorns and walnuts, so that he had plenty to offer.

But the town mouse, when he came, did not think much of it.

'You live very simply,' he said. 'What a dull time you have of it! Why don't you come and share my town house for a while? There's plenty to see there; and plenty to eat too.'

The country mouse was shy, but he packed up a few things and went off with his friend. The noise and bright lights of the city terrified him. What a hurry! What a rush! He was glad to find the right address at last, and hide.

When evening came, the two mice crept out of their hole to explore the dinner table. It was covered with the richest food: creams, sweets, cheeses and trifles. But no sooner had they begun to nibble, than a big fierce cat came in.

The mice ran for safety, knocking over the glasses as they went, and spilling all sorts of delicacies around them.

When all was silent, the country mouse came out, trembling.

'I must go home now,' he told his friend. 'I am happier with my nuts and seeds in the forest. A simple life is not as dangerous as this one!'

And he ran home as fast as he could.

A simple life with peace and quiet is better than a splendid one which is full of danger.

THE DONKEY AND
THE GRASSHOPPER

There was once a donkey who lived a happy life eating grass and thistles in the meadow. One day, he heard some grasshoppers chirping.

'What a pretty sound that is!' he thought. 'How I wish I could make music as well as that!'

He tried, but could say nothing but '*Hee-haw!*'

'It must be something to do with the food grasshoppers eat,' the donkey decided, and he made up his mind to ask them.

'Could you please tell me what it is you have for dinner every day that makes you sing so beautifully? I should like to have the same.'

'Why,' answered the grasshoppers, 'we take dew for breakfast, dew for dinner, and dew for supper—that's all. We never eat anything else.'

The donkey started to eat dew for breakfast. He ate dew again for dinner and supper and didn't eat anything else. In a few weeks he became so thin he almost faded away. He was too weak even to say '*Hee-haw!*', let alone anything prettier. Wasn't he a silly fellow?

What is good for one person may not be good for another.

THE LIONESS

Once, some of the animals and some of the birds got together to compare the size of their families.

The lark spoke first. She said she had five eggs in her nest, and anyone who didn't believe her could go and count them.

The woodmouse was next. 'That is nothing,' she squeaked. 'I have eight little ones and I expect in another week or two there will be eight more.'

The pig agreed that eight was a good number, but she herself always had a litter of at least thirteen piglets and would be ashamed to have less.

And so, one after another, they boasted of how big their families were. The adder believed she would be the winner and carry off the prize, for she had no less than twenty little ones, all wriggling together.

As they were arguing, they remembered that the lioness had not yet spoken.

'How many babies do you have at a time?' they asked her.

'One,' answered the great creature, with a low roar. 'But it is always a king or queen!'

Quality is more important than quantity.

THE VAIN JACKDAW

A jackdaw lived in a garden where there were some fine peacocks. How beautiful they were!

'They are much better looking than I am!' grumbled the bird to himself.

He began to look around for dropped peacock feathers, and collected quite a lot. When he thought he had enough, he stuck the feathers in his wings, on his back and breast and on his head, and strutted about like a king.

'How fine I am!' he thought. 'I will go and join the others.' He flew down and pretended he was a peacock himself.

But the real peacocks immediately saw through his silly trick. 'What a clown!' they muttered to themselves. They soon lost patience altogether and became angry. They pecked and pulled at the feathers until they all fell off.

'What do you think you are doing?' they screeched, as they chased the jackdaw away.

The jackdaw was in such a state by this time that he decided to go back to his own friends. But after such rude behaviour, they wouldn't have anything to do with him either.

'Go away!' they squawked. 'You shouldn't have been so vain in the first place! Jackdaws are jackdaws, and peacocks are peacocks. Remember that.'

The jackdaw was never so stupid again.

Pride comes before a fall.

THE WOLF AND
THE LAMB

A wolf who had been out hunting all day came to a stream and leaned over to drink. He was very thirsty.

But when he looked up, he saw that a young lamb was paddling in the water.

'Get out of the way!' he called sharply. 'Can't you see what a mess you are making? You are spoiling the water for me.'

'No, sir,' answered the lamb, gently. 'I am downstream from you and I'm only paddling in the water *after* you have drunk from it. I am not in your path at all.'

'Well, at any rate I know you've been calling me names,' snapped the wolf. 'You should say you are sorry.' He was in a bad temper and determined to quarrel.

'Indeed I haven't,' answered the lamb, 'for I was only born in the spring and I have never seen you before in my life!'

'Then if it wasn't you, it was your father!' interrupted the wolf. 'I shan't listen to anything you say. Go away or I'll have you for my dinner!' And he chased the lamb out of the water, snapping his teeth.

A bully will not listen to reason.

THE WIND AND THE SUN

The wind and the sun were having an argument.

'I'm stronger than you are,' snapped the wind, blowing as hard as he could and puffing out his cheeks.

'Nonsense,' answered the sun, gently. 'I'm the strongest. Everybody knows that.'

They went on arguing until a man passed by, wearing a hat and coat.

'Look at that fellow!' called the wind. 'His coat isn't fastened! Now we can have a competition. Whoever makes the man take his coat right off must be the strongest. Come on—let's begin!'

He started blowing fiercely from the North and the East, and then from the South and the West. But the man only pulled his hat down over his ears and fastened his coat firmly across his chest.

At last the wind stopped to rest, and the sun came out from behind a cloud and shone with all his beauty.

'Whew!' breathed the man. 'It's getting warm here!' He made up his mind to take a short rest under a tree. He took off his coat and rolled it up to make a pillow. Then he stretched himself out with the sun on his face and slept.

'I've won!' smiled the sun, quietly. 'And without any bluster too!'

And so he had.

A gentle person may do better than somebody who is too rough.

THE MONKEY AND THE DOLPHIN

A monkey was travelling by boat from one country to another. He always wanted to show how clever he was, so he climbed up to the top of the mast. There he sat proudly until a big wave shook the boat and he tumbled into the water.

'Help! Help!' he shrieked.

But the boat went on without him. Nobody heard.

A kind dolphin happened to be passing and, seeing the monkey in trouble, he swam underneath him and lifted him on his back. They set off for the land.

On the way, the monkey boasted of how important he was.

'I know everybody,' he told the dolphin, 'and everybody knows *me*. Why! I am a great favourite of the King himself!'

'Do you know this country well?' asked the dolphin, as they drew near to the shore.

'Of course I do!' answered the monkey. 'I expect they will send a carriage and horses to meet me. I always stay at the royal palace, you see, and it is made of gold.'

The dolphin looked with his great eyes at the land before them. There were no houses at all on it. Nobody lived there.

He sank slowly into the water and left the boastful monkey to look after himself.

Your lies will always find you out.

29

THE LION, THE ASS,
AND THE FOX

A lion, an ass and a fox all went out hunting together. Between them, they collected quite a load of food, and piled it all up to be shared amongst them.

'Now we can have a good meal!' growled the lion, swishing his tail. '*You* divide it,' he told the ass.

The ass carefully divided the heap into three parts, each exactly the same size. The lion was furious and roared loudly. He punched the ass on the nose.

'Now *you* divide the meal,' he said to the fox.

Luckily, the fox had his wits about him. He made one huge heap for the lion, and a tiny one for himself.

'There is yours,' he said to the lion, pointing to the biggest heap. 'And here is mine.'

'Ah!' murmured the lion, in a more friendly manner, 'that is perfectly fair. Who taught you such good manners?'

'Why, the poor ass did,' replied the fox. 'I don't want to be treated as *he* was!'

We must learn from other people.

THE CAT AND THE MICE

A cat who had grown too old to run after mice any more, sat down to think of an easier way to catch them.

'I know,' she said to herself. 'I'll pretend to be a bag. I have often seen shoe bags and peg bags hanging from a hook. I will hang from a peg and pretend to be a bag. Then the mice will believe I am full of shoes.'

So she went into the cloakroom and hung herself upside down from a peg. She kept quite still, hoping that the mice would take no special notice of her and would come near enough to be caught.

But among the young mice there was an old, wise mouse.

'Listen!' he said to his friends. 'I have seen lots of bags, but this is the only one I have ever found with a cat's head!'

'You're quite right!' said the young mice. 'Let it hang there as long as it likes. *We* will not go anywhere near it!'

Wise people are not easily fooled.

THE MOUSE
AND THE WEASEL

One day, a little hungry mouse discovered a basket full of corn. He managed to squeeze through a crack and climb into the basket. What a fine feast he had! He ate and ate and ate so greedily, that when he wanted to get out of the basket again, he couldn't! He had grown much too fat.

'Oh dear, now what am I going to do?' the mouse cried out. He made such a noise that a weasel, who was passing by, heard him and stopped to see what was happening.

'My friend, you've eaten too much!' he said to the little mouse. 'Look at yourself! The best thing for you to do now is to stay where you are and go without food altogether for a while. If you want to get *out*, you will have to become as thin as you were when you wanted to get *in*.'

And he was perfectly right.

It is unwise to take more than you need.

THE FROG AND
THE COW

A cow who had been grazing in a boggy meadow, quite by accident, trod on a group of baby frogs and hurt some of them. One ran away quickly and hurried off to tell his mother what had happened.

'Mother,' he said, 'it was a big animal with four feet that trod on me and my friends.'

'Big?' asked the old frog. 'How big?' She blew herself out. 'As big as this?'

'Oh,' said the little one, '*much* bigger than that!'

36

'Well—was it as big as this, then?' his mother went on, blowing herself out still more.

'Much, much bigger.'

'Really? As big as this?' She swelled up for the third time.

'I can tell you,' said the little frog, 'the animal was so huge that even if you were to go on until you burst, you wouldn't be large enough!'

The mother frog made up her mind to try once more. Fatter and fatter and fatter she grew, and then . . . whew! she *did* burst. POP! Just like a balloon. There was nothing left at all!

It is silly to try to be greater than you really are.

THE WOLF AND
THE HERON

A clever wolf who was very good at hunting once picked up a fat hen, and was eating it, when a bone stuck in his throat.

'Help me! Help me!' he gasped.

'Why should I help you?' asked a raven. 'You never bother about me.'

'I am too busy. I can't help you,' whispered a hedgehog, scuffling off.

'What's that you're saying?' growled a lion. 'Speak up! We can't hear!'

'Oh, if only one of you will help me, you will get a fine reward!' promised the poor wolf.

At last, a heron said she would try. 'A reward would make us rich!' she explained to her family. She walked slowly up to the wolf and, thrusting her long beak right down his throat, she easily pulled out the bone.

'Now may I have my reward?' she asked.

'You've had it!' sneered the wolf, grinning. 'Your own life is your reward! Aren't you lucky I didn't bite your head off? Goodbye!'

And that was that.

If you expect a rascal to say 'thank you' you will be disappointed.

THE LION
AND THE DOLPHIN

A lion was walking along the sea shore when he noticed a dolphin floating on the water.

'Hello!' called the lion. 'You and I should be friends. I am the King of the Beasts and you are the King of the Fishes. Let us stand by each other, and promise to help each other if we are in trouble.'

'That's a good idea,' answered the dolphin. 'A splendid plan.' And he swam off.

Quite soon, the lion had a big fight with a wild bull and thought he could do with some help. 'Come quickly!' he called to the dolphin.

The dolphin hurried to the edge of the water, but he could not get any further because he had no legs and did not know how to walk.

'Don't blame me for not helping you,' he said to the lion. 'I am powerful when I am in the sea, for that's where I belong. But I cannot get about on land and so I can't help you. It's not my fault. It's simply how I am made.'

It is no use asking people to help us in ways they cannot.

THE HARE AND THE TORTOISE

A hare and a tortoise used to meet each other every day in the same meadow. The hare was always in a great hurry. He ran fast with his long legs, and was soon out of sight. When he came back he made fun of the tortoise because he was so slow.

'I'm surprised you ever get anywhere!' he scoffed.

'I may be slow, but if we were to have a race I should win easily,' answered the tortoise.

'Come on, then!' cried the hare at once. 'We'll run as far as that big tree. See it? Ready . . . steady . . . GO!'

42

He shot off. The tortoise started at his usual speed, and jogged along steadily.

When he was nearly at the tree, the hare thought he might as well take a rest as he was certain the tortoise would never catch up with him. He sat down in the grass and soon dropped off to sleep.

Time passed. The sun was warm. The hare did not wake up; and when, at last, he opened his eyes he saw that the tortoise had finished the race before him.

'You see?' he murmured. 'It is better to be slow and steady than to keep boasting of how swiftly you can run.'

And the hare never teased him again.

Slow and steady wins the race.

THE SICK LION

A lion once grew so old he felt he could not hunt any more. He wondered how he would get any dinner.

'I know,' he said to himself, 'I will pretend to be ill. Then when the animals come to visit me, I shall catch them.'

He lay down in a cave. Soon, visitors began to arrive.

'Only one at a time!' whispered the lion, hungrily.

First came the hedgehog. Then the hare, the weasel, the ant-eater, the wild goat, the snake, the pigeon and the crocodile. They were never seen again.

A clever fox decided to find out what was happening.

'I will go and visit the sick lion, too,' he said to himself. 'But I shall be careful not to go too close!'

'Ah!' sighed the lion, as the fox stood in the doorway. 'Is that my dearest friend? Do come a little nearer!'

'Certainly not!' answered the fox. 'What about all these footprints? They are all pointing the same way: IN. Not a single one is coming OUT! Goodbye! I'm off now. Grow as old as you please . . . you won't get ME for dinner!'

And the fox ran safely off into the forest.

It is better to think for oneself than blindly follow other people.

THE FOX AND THE ROOK

Every morning a crowd of rooks filled the sky as they flew towards their nests in the tops of the trees. The oldest, and wisest, went on in front. Last of all, came a silly young rook who thought she knew everything.

Looking around her, she saw a window open in a house below, and a piece of cheese on the table.

'I'll get that!' she thought and quickly slipped down, nipped through the window, and picked it up in her beak.

She carried it up into a fir tree.

But who was that, looking greedily up at her?

It was a fox. He, too, wanted to have the cheese, and quickly thought of a way to get it.

'What a beautiful bird!' he said, looking up at the rook.

The rook listened.

'What magnificent wings! And what eyes! They really are lovely.'

The rook was pleased to hear this, and looked down, hoping for more compliments.

'I wonder if she can dance as well?' said the cunning fox.

Of course I can, thought the rook. She hopped backwards and forwards along the branch, just to show him. But she still kept the cheese in her mouth.

'It's such a pity she cannot sing!' sighed the fox.

'Yes I can! I can sing very well!' cried the rook. Of course, when she opened her beak, the cheese fell out and dropped to the ground.

The fox pounced on it at once, and ran off into the forest.

'Come back! Come back with my cheese!' called the rook. She was furious!

But the fox didn't answer. And the cheese had gone.

Do not let yourself be fooled by flattery.

THE DONKEY
AND THE SALT

A man went to the seaside to buy some salt, taking his donkey with him to carry it. 'I will get as much as I can,' he thought, 'so that I can bring it home and sell it at a good price.'

He filled ten or eleven sacks with salt, and loaded them on the donkey. It was quite a heavy load. They started off slowly but as they were crossing a stream, the donkey stumbled and fell into the water. As he splashed about, the salt was washed away. And when they got home, they found there was none left at all.

The next day, the man set out again, and made up his mind to take more care crossing the stream. But he gave the donkey such a weight to carry that the animal became bad tempered and decided to throw it all off. When they reached the stream, he pretended to trip and stumbled into the water.

Again, the salt was washed away and when they got home there was none left.

'That donkey's playing tricks!' thought the man. 'This can't go on. Tomorrow, I shall ask for sponges, instead of salt.'

In the morning, the pair of them started off as usual, and when they reached the seaside the man bought a huge pile of sponges instead of salt.

'I shall jump in the stream just the same,' said the donkey to himself, as he felt them all being loaded on his back.

Sure enough, at the same spot, he pretended to trip and fell into the stream. It was a hot day. The donkey rolled over and over in the water, splashing and kicking up his legs. He was really enjoying himself.

'What are you doing?' cried the man. 'Get out! Get out!'

But the silly donkey had forgotten that he was carrying sponges. As they grew wet, they became heavier and heavier. When at last he clambered onto the bank, they weighed much more than they had when they were dry.

What a load he had to carry home!

If you play the same trick too often you will be caught out.

THE EAGLE AND THE FOX

An eagle and a fox lived together as friends and never quarrelled, for the eagle built her nest on the top of a tree and the fox had her den by the roots of the tree.

But one morning, when the fox was out looking for food for her young ones, the eagle had an idea.

'If I carry off one of her foxcubs while she is away, she won't know anything about it. It will make a nice dinner for my brood.'

She flew down and seized a baby fox in her claws.

Luckily, it was not long before the mother fox came back. She was very upset and cried, 'How could you be so cruel? Please let me have my little one at once before it is too late.'

But the eagle took no notice of her.

Quickly, the mother fox ran to a field where there was a bonfire, and brought back some burning grass in her mouth.

She threw the grass on to the tree and it soon caught alight.

'Stop! Stop!' called the eagle. 'I am afraid my family will be burned!' And the eagle snatched up the little fox cub and flew down at once to leave it where she had found it. The clever mother fox had saved its life.

A mother will do anything to keep her children safe.

THE CROW AND
THE WATERING-CAN

For a long time, there had been no rain. An old crow was so thirsty that he didn't know what to do. There was nothing to drink anywhere. Even the stream had run dry. Then he saw an old watering-can with a narrow spout. It was not full, but there was a little water in the bottom and it smelled delicious.

'I must get it,' muttered the crow, hoarsely. 'But how?'

The spout was too narrow. He tried to reach the bottom of the watering-can, but he couldn't. He tried to break it, and then to tip it over. He tried to get the lid off. But it was no use.

Suddenly, he had an idea.

'I will collect some small pebbles and drop them into the watering-can,' he decided. 'That will make the water rise higher and higher until I can reach it with my beak.'

He set to work.

Plop . . . plop . . . plop . . . went the pebbles.

And the water rose, little by little.

As soon as he could reach it, the old crow opened his beak and took a long drink.

'One has to use one's brains when things are difficult,' he cawed; and he flew cheerfully away.

Great difficulties lead to great inventions.

THE ASS AND
THE LAP DOG

There was a man who had two animals; an ass and a little dog. They were both very well looked after. The ass had a warm stable, and plenty of corn and hay to eat. In bad weather he was even given a special blanket to wear. He had work to do and so he was busy for most of the day.

The little dog lived in the house with his master and was always playing. He leapt about, begged for titbits and ran after squirrels in the garden.

And so, for a while, everything was fine. But the ass began to feel hard done by. 'Why should I have to do all the work?' he complained. 'Why shouldn't I frolic about as *he* does? Then I might get titbits, too.'

THE FOX AND
THE GOAT

A fox was running quickly over some rough ground when he suddenly tumbled into an old well—splash! He struggled for a long time, trying to get out, but the sides of the well were slippery and he kept falling back into the water.

The fox grew more and more unhappy. At last he heard footsteps.

A goat with a long beard peered over the rim of the well.

'Good afternoon!' bleated the goat. 'Is there any water in there? I can't see very clearly.'

'Indeed there is,' answered the fox, splashing.

'Is it *good* water?'

'It is excellent.'

'And is there plenty of it?' asked the goat.

'Come down, my friend, and find out for yourself!' called the fox, for he had thought of a fine trick.

The stupid goat leaped into the water. The fox was delighted. The goat had strong horns, and the fox easily climbed onto his back and pulled himself up and out onto dry land.

He was safe!

'It's a pity your brains aren't as good as your beard!' he teased. 'You should have looked more closely before you leaped!'

And off he went, leaving the poor goat behind him in the water.

Look before you leap.

THE LION AND
THE MOUSE

A lion who had been out hunting all day began to grow tired.

'Ah!' he sighed. 'It is time I had a rest.'

He lay down in his den. While he was dozing, a woodmouse came along, looking for something to eat—squeak! squeak! squeak! Suddenly, he discovered that there was a lion beside him. At first he was so frightened he could not move. Then, just as he started to run away, the lion reached out his paw. 'Aha! Got you!'

'He will eat me up!' thought the woodmouse, trembling. 'Don't kill me, oh lion!' he begged. 'Remember, I am small, and you are great!'

The lion looked down at the tiny creature and gently let him go.

A long time afterwards, the lion was hunting in the forest when he fell into a trap. The trap was made of strong ropes and he could not get free.

How he roared!

All the other animals ran away as fast as they could when they heard him.

But the little woodmouse hurried to the rescue.

'I will help you!' he squeaked.

He began nibbling at the ropes.

One by one they fell apart.

The lion was free!

Kindness is never wasted.

От всего сердца поздравляем Амиру с 3-м днём рожденья! Желаем расти здоровой и радоваться жизни каждый день :)

Роман

2016.08.17

МОИ ПЕРВЫЕ СТИХИ

Художники
И. Есаулов, И. Панков, В. Коркин, И. Якимова

МОСКВА
РОСМЭН
2015

УДК 82-1-93
ББК 84 (2Рос=Рус)6
    М74

Наш адрес в Интернете: **www.rosman.ru**

Мои первые стихи / К. Чуковский, А. Барто, Борис Заходер, А. Усачев ;
М74   Худож. И. Есаулов, И. Панков, В. Коркин, И. Якимова. — М.: РОСМЭН, 2015. —
128 с. : ил. — (Лучшие книги для малышей).

В книгу «Мои первые стихи» вошли самые известные стихотворения для маленьких, написанные лучшими детскими поэтами Корнеем Чуковским, Агнией Барто, Борисом Заходером и Андреем Усачевым. Стихотворения отличает доверительная интонация, легко запоминающиеся рифмы, яркие образы.

ISBN 978-5-353-07041-2

КОРНЕЙ ЧУКОВСКИЙ
КОТАУСИ И МАУСИ

ЧУДО-ДЕРЕВО

Как у нашего Мирона
На плеши сидит ворона.

А на дереве ерши
Строят гнёзда из лапши.

Сел баран на пароход
И поехал в огород.

В огороде-то на грядке
Вырастают шоколадки.

А у наших у ворот
Чудо-дерево растёт.

Чудо, чудо, чудо, чудо
Расчудесное!

Не листочки на нём,
Не цветочки на нём,

А чулки да башмаки,
    Словно яблоки!

Мама по́ саду пойдёт,
Мама с дерева сорвёт
Туфельки, сапожки,
Новые калошки.

Папа по́ саду пойдёт,
Папа с дерева сорвёт
    Маше – гамаши,
    Зинке – ботинки,
    Нинке – чулки,
А для Мурочки такие
Крохотные голубые
Вязаные башмачки
И с помпончиками!

Вот какое дерево,
Чудесное дерево!

Эй вы, ребятки,
Голые пятки,
Рваные сапожки,
Драные калошки,
Кому нужны сапоги,
К чудо-дереву беги!

Лапти созрели,
Валенки поспели.
Что же вы зеваете,
Их не обрываете?

Рвите их, убогие!
Рвите, босоногие!
Не придётся вам опять
По морозу щеголять
Дырками-заплатками,
Голенькими пятками!

ЧТО СДЕЛАЛА МУРА, КОГДА ЕЙ ПРОЧЛИ СКАЗКУ «ЧУДО-ДЕРЕВО»

Мура туфельку снимала,
В огороде закопала:
– Расти, туфелька моя,
Расти, маленькая!
Уж как туфельку мою
Я водичкою полью,
И вырастет дерево,
Чудесное дерево!

Будут, будут босоножки
К чудо-дереву скакать
И румяные сапожки
С чудо-дерева срывать,
Приговаривать:
«Ай да Мурочка,
Ай да умница!»

ЗАКАЛЯКА

Дали Мурочке тетрадь,
Стала Мура рисовать.

«Это — ёлочка мохнатая.
Это — козочка рогатая.
Это — дядя с бородой.
Это — дом с трубой».

«Ну, а это что такое,
Непонятное, чудно́е,
С десятью ногами,
С десятью рогами?»

«Это Бяка-Закаляка
                    Кусачая,
Я сама из головы её
                    выдумала».

«Что ж ты бросила тетрадь,
Перестала рисовать?»

«Я её боюсь!»

СЛОНИХА ЧИТАЕТ

У слона была жена
Матрёна Ивановна.
И задумала она
Книжку почитать.

Но читала, бормотала,
Лопотала, лопотала:
«Таталата, маталата», —
Ничего не разобрать!

ПОРОСЁНОК

Полосатые котята
Ползают, пищат.
Любит, любит наша Тата
Маленьких котят.

Но всего милее Татеньке
Не котёнок полосатенький,
Не утёнок,
Не цыплёнок,
А курносый поросёнок.

ЁЖИКИ СМЕЮТСЯ

У канавки
Две козявки
Продают ежам булавки.

А ежи-то хохотать!
Всё не могут перестать:
«Эх вы, глупые козявки!
Нам не надобны булавки:
Мы булавками сами утыканы».

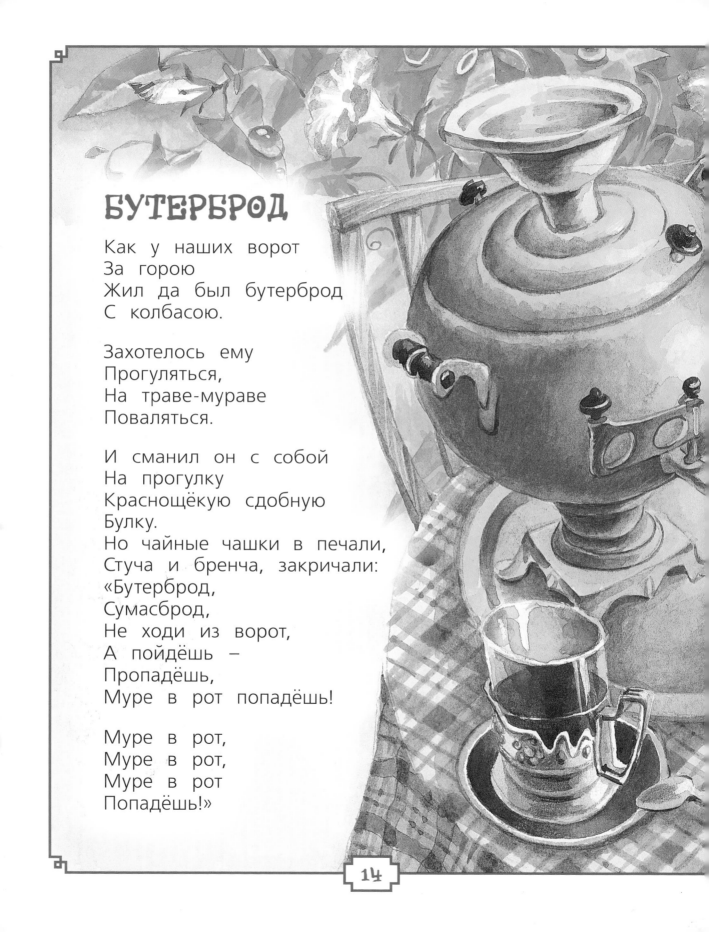

БУТЕРБРОД

Как у наших ворот
За горою
Жил да был бутерброд
С колбасою.

Захотелось ему
Прогуляться,
На траве-мураве
Поваляться.

И сманил он с собой
На прогулку
Краснощёкую сдобную
Булку.
Но чайные чашки в печали,
Стуча и бренча, закричали:
«Бутерброд,
Сумасброд,
Не ходи из ворот,
А пойдёшь —
Пропадёшь,
Муре в рот попадёшь!

Муре в рот,
Муре в рот,
Муре в рот
Попадёшь!»

ФЕДОТКА

Бедный Федотка – сиротка,
Плачет несчастный Федотка:
Нет у него никого,
Кто пожалел бы его.
Только мама, да дядя, да тётка,
Только папа да дедушка с бабушкой.

ЧЕРЕПАХА

До болота идти далеко.
До болота идти нелегко.

«Вот камень лежит у дороги,
Присядем и вытянем ноги».

И на камень лягушки кладут узелок.
«Хорошо бы на камне прилечь на часок!»

Вдруг на́ ноги камень вскочил
И за́ ноги их ухватил.
И они закричали от страха:

«Это — ЧЕ!
Это — РЕ!
Это — ПАХА!
Это — ЧЕЧЕРЕ!
        ПАПА!
            ПАПАХА!»

ОГОРОД

Сел баран на пароход
И поехал в огород.
В огороде-то на грядке
Вырастают шоколадки, –
Приходи, угощайся, облизывайся!

И лапша,
И лапша
Уродилась хороша!
Крупная да сочная,
Сладкая, молочная,
Только знай – поливай
Да воробушков гоняй:
Любят-любят её воры воробушки!

СВИНКИ

Как на пишущей машинке
Две хорошенькие свинки:
Туки-туки-туки-тук!
Туки-туки-туки-тук!

И постукивают,
И похрюкивают:

«Хрюки-хрюки-хрюки-хрюк!
Хрюки-хрюки-хрюки-хрюк!»

ПЕСНЯ О БЕДНЫХ САПОЖКАХ

Как по нашей по дорожке
Гуляли сапожки,
Гуляли, плясали
И горя не знали.

Но была у них тётка,
Сапожная щётка.

Она мучила их и наказывала,
Гуталином и ваксой намазывала.

ВЕРБЛЮДИЦА

Ах, бедная верблюдица,
Работает и трудится!

Взвалили ей на спину
Тяжёлую корзину
И гонят бамбуками,
Толкают кулаками:
– Иди! Иди! Иди!

И вот идёт, идёт она,
И стонет, и ревёт она,
Идёт она, шатается,
Об камни спотыкается,
А камни на дороге
Царапают ей ноги,
Она идёт, идёт
И скоро упадёт.

Ах, бедная страдалица,
Никто над ней не сжалится –
Никто, никто, никто.
И вот она упала,
Упала и не встала,
А злые люди бьют её,
Ругают и клянут её:
– Вставай, вставай, вставай!

БЕБЕКА

Взял барашек
Карандашик,
Взял и написал:
«Я – Бебека,
Я – Мемека,
Я медведя
Забодал!»

Испугалися зверюги,
Разбежалися в испуге.

А лягушка у болотца
Заливается, смеётся:
«Вот так молодцы!»

ГОЛОВАСТИКИ

Помнишь, Мурочка, на даче
В нашей лужице горячей
Головастики плясали,
Головастики плескались,
Головастики ныряли,
Баловались, кувыркались.
          А старая жаба,
          Как баба,
          Сидела на кочке,
          Вязала чулочки
          И басом сказала:
              — Спать!
— Ах, бабушка, милая бабушка,
Позволь нам ещё поиграть.

РАДОСТЬ

Рады, рады, рады
    Светлые берёзы,
И на них от радости
    Вырастают розы.

Рады, рады, рады
    Тёмные осины,
И на них от радости
    Растут апельсины.

То не дождь пошёл из облака
    И не град,
То посыпался из облака
    Виноград.

И вороны над полями
Вдруг запели соловьями.

И ручьи из-под земли
Сладким мёдом потекли.

Куры стали павами,
Лысые — кудрявыми.

Даже мельница — и та
Заплясала у моста.

Так бегите же за мною
На зелёные луга,
Где над синею рекою
Встала радуга-дуга.

Мы на радугу
        вска-ра-б-каемся,
Поиграем в облаках
И оттуда вниз по радуге
На салазках, на коньках!

ЁЛКА

Были бы у ёлочки
Ножки,
Побежала бы она
По дорожке.

Заплясала бы она
Вместе с нами,
Застучала бы она
Каблучками.

Закружились бы на ёлочке
Игрушки –
Разноцветные фонарики,
Хлопушки.

Завертелись бы на ёлочке
Флаги
Из пунцовой, из серебряной
Бумаги.

Засмеялись бы на ёлочке
Матрёшки
И захлопали б от радости
В ладошки.

Потому что
У ворот
Постучался
Новый год!
Новый, новый,
Молодой,
С золотою бородой!

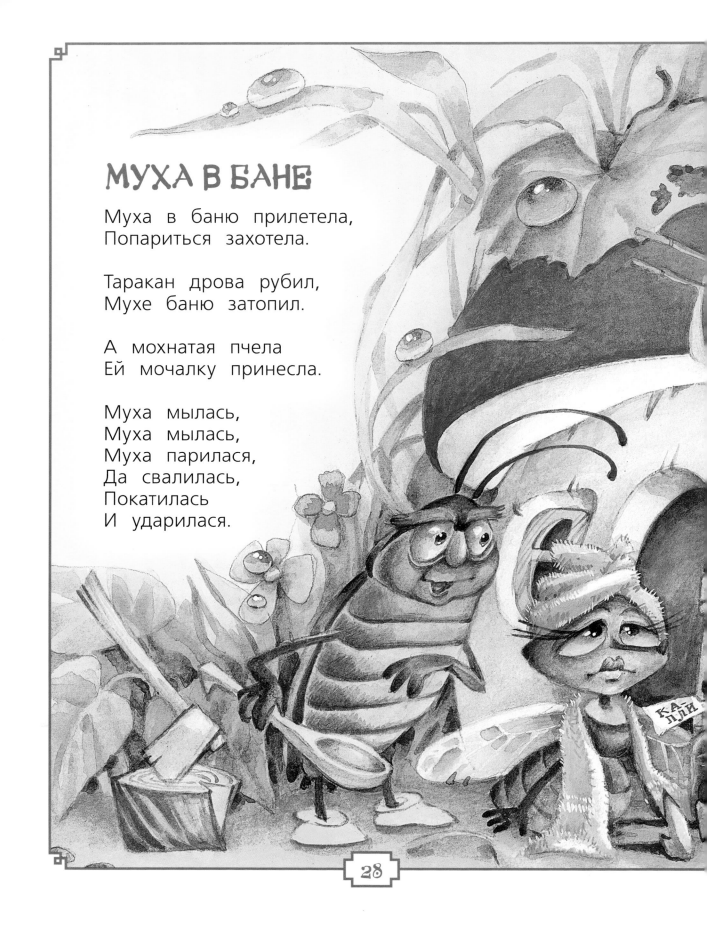

МУХА В БАНЕ

Муха в баню прилетела,
Попариться захотела.

Таракан дрова рубил,
Мухе баню затопил.

А мохнатая пчела
Ей мочалку принесла.

Муха мылась,
Муха мылась,
Муха парилася,
Да свалилась,
Покатилась
И ударилася.

Ребро вывихнула,
Плечо вывернула.
«Эй, мураша-муравей,
Позови-ка лекарей!»

Кузнечики приходили,
Муху каплями поили.

Стала Муха, как была,
Хороша и весела.

И помчалася опять
Вдоль по улице летать.

ХРАБРЕЦЫ

Наши-то портные
Храбрые какие:
«Не боимся мы зверей,
Ни волко́в, ни медведе́й!»
А как вышли за калитку
Да увидели улитку –
Испугалися,
Разбежалися!
Вот они какие,
Храбрые портные!

БАРАБЕК

(Как нужно дразнить обжору)

Робин Бобин Барабек
Скушал сорок человек,
И корову, и быка,
И кривого мясника,
И телегу, и дугу,
И метлу, и кочергу,
Скушал церковь, скушал дом,
И кузницу с кузнецом,
А потом и говорит:
«У меня живот болит!»

СКРЮЧЕННАЯ ПЕСНЯ

Жил на свете человек,
Скрюченные ножки,
И гулял он целый век
По скрюченной дорожке.

А за скрюченной рекой
В скрюченном домишке
Жили летом и зимой
Скрюченные мышки.

И стояли у ворот
Скрюченные ёлки,
Там гуляли без забот
Скрюченные волки.

И была у них одна
Скрюченная кошка,
И мяукала она,
Сидя у окошка.

А за скрюченным
                 мосто́м
Скрюченная баба
По болоту босиком
Прыгала, как жаба.

И была в руке у ней
Скрюченная палка,
И летела вслед за ней
Скрюченная галка.

КОТАУСИ И МАУСИ

Жила-была мышка Ма́уси
И вдруг увидала Кота́уси.
У Кота́уси злые глаза́уси
И злые-презлые зуба́уси.

Подбежала Кота́уси к Ма́уси
И замахала хвоста́уси:
«Ах, Мауси, Мауси, Мауси,
Подойди ко мне, милая Мауси,
Я спою тебе песенку, Мауси!
Чудесную песенку, Мауси!»

Но ответила умная Мауси:
«Ты меня не обманешь, Котауси!
Вижу злые твои глазауси
И злые-презлые зубауси!»

Так ответила умная Мауси —
И скорее бегом от Котауси.

ДЖЕННИ

Дженни туфлю потеряла,
Долго плакала, искала.
Мельник туфельку нашёл
И на мельнице смолол.

АГНИЯ БАРТО
ДЕЛО БЫЛО В ЯНВАРЕ

УТИ-УТИ

Рано, рано утречком
Вышла мама-уточка
Поучить утят.

Уж она их учит, учит!
Вы плывите, у́ти-у́ти,
Плавно, в ряд.

Хоть сыночек не велик,
Не велик,
Мама трусить не велит,
Не велит.

– Плыви, плыви,
Утёныш,
Не бойся,
Не утонешь.

ЛЯГУШАТА

Пять зелёных лягушат
В воду броситься спешат —
Испугались цапли!
А меня они смешат:
Я же этой цапли
Не боюсь ни капли!

МОЙ ПЁС

Мой пёс простудился
И стал безголосым.
Котёнок шмыгнул
У него перед носом,
А бедный больной
Даже тявкнуть не мог.
Вот до чего
Тяжело занемог!

ВОРОБЕЙ

Воробей по лужице
Прыгает и кружится.
Пёрышки взъерошил он,
Хвостик распушил.
Погода хорошая!
Чил-чив-чил!

ДЕЛО БЫЛО В ЯНВАРЕ

Дело было в январе,
Стояла ёлка на горе,
А возле этой ёлки
Бродили злые волки.

Вот как-то раз,
Ночной порой,
Когда в лесу так тихо,
Встречают волка под горой
Зайчата и зайчиха.

Кому охота в Новый год
Попасться в лапы волку!
Зайчата бросились вперёд
И прыгнули на ёлку.

Они прижали ушки,
Повисли, как игрушки.

Десять маленьких зайчат
Висят на ёлке и молчат –
Обманули волка.
Дело было в январе, –
Подумал он, что на горе
Украшенная ёлка.

СТОРОЖ

Сидеть надоело мне
Лапы сложа,
Я очень хотел бы
Пойти в сторожа.

Висит объявленье
У наших ворот:
Собака нужна
Сторожить огород.

Ты меня знаешь –
Я храбрый щенок:
Появится кошка –
Собью её с ног.

Я тявкать умею,
Умею рычать,
Умею своих
От чужих отличать.

Котята боятся меня
Как огня.
Скажи мне по совести:
Примут меня?

ФОНАРИК

Мне не скучно без огня —
Есть фонарик у меня.
На него посмотришь днём —
Ничего не видно в нём,
А посмотришь вечерком —
Он с зелёным огоньком.
Это в баночке с травой
Светлячок сидит живой.

НЕ ОДНА

Мы не ели, мы не пили,
Бабу снежную лепили.

Снег февральский слабый, слабый,
Мялся под рукой,
Но как раз для снежной бабы
Нужен нам такой.

Нам работать было жарко,
Будто нет зимы,
Будто взял февраль у марта
Тёплый день взаймы.

Улыбаясь, как живая,
В парке, в тишине,
Встала баба снеговая
В белом зипуне.

Но темнеет — вот досада! —
Гаснет свет зари,
По домам ребятам надо,
Что ни говори!

Вдруг нахмурилась Наталка,
Ей всего лет пять,
Говорит: — Мне бабу жалко,
Что ж ей тут стоять?

Скоро стихнет звон трамвая
И взойдёт луна,

Будет баба снеговая
Под луной одна?!

Мы столпились возле бабы,
Думали – как быть?
Нам подружку ей хотя бы
Нужно раздобыть.

Мы не ели, мы не пили,
Бабу новую слепили.

Скоро стихнет звон трамвая
И взойдёт луна,
Наша баба снеговая
Будет не одна.

ДЕВОЧКА-РЁВУШКА

Что за вой? Что за рёв?
Там не стадо ли коров?
Нет, там не коровушка –
Это Ганя-рёвушка

Плачет,
Заливается,
Платьем утирается...
Уу-уу-у!..

Вышла рёва на крыльцо,
Рёва сморщила лицо:
– Никуда я не пойду!
Мне не нравится в саду.
Уу-уу-у!..

Вот вернулась Ганя в дом,
Слёзы катятся ручьём:
— Ой, пойду обратно!
Дома неприятно!
Оо-оо-о!..

Дали Гане молока.
— Эта кружка велика!
В этой не могу я!
Дайте мне другую!
Уу-уу-у!..

Дали рёвушке в другой,
Рёва топнула ногой:
— В этой не желаю!
Лучше дайте чаю!
Аа-аа-а!..

ДЕВОЧКА ЧУМАЗАЯ

– Ах ты, девочка чумазая,
где ты руки так измазала?
Чёрные
ладошки;
на локтях –
дорожки.

– Я на солнышке
лежала,
руки кверху
держала.
ВОТ ОНИ И ЗАГОРЕЛИ.

— Ах ты, девочка чумазая,
где ты носик так измазала?
Кончик носа чёрный,
будто закопчённый.

— Я на солнышке
лежала,
нос я кверху
держала.
ВОТ ОН И ЗАГОРЕЛ.

— Ах ты, девочка чумазая,
ноги в полосы
измазала,
не девочка,
а зебра,
ноги —
как у негра.

— Я на солнышке
лежала,
пятки кверху
держала.
ВОТ ОНИ И ЗАГОРЕЛИ.

— Ой ли, так ли?
Так ли дело было?
Отмоем всё до капли.
Ну-ка, дайте мыло.
МЫ ЕЁ ОТОТРЁМ.

Громко девочка кричала,
как увидела мочалу,
цапалась,
как кошка:
— Не трогайте
ладошки!
Они не будут белые:
они же загорелые. —
А ЛАДОШКИ-ТО ОТМЫЛИСЬ.

Оттирали губкой нос —
разобиделась до слёз:
— Ой, мой бедный
носик!
Он мыла
не выносит!
Он не будет белый:
он же загорелый. —
А НОС ТОЖЕ ОТМЫЛСЯ.

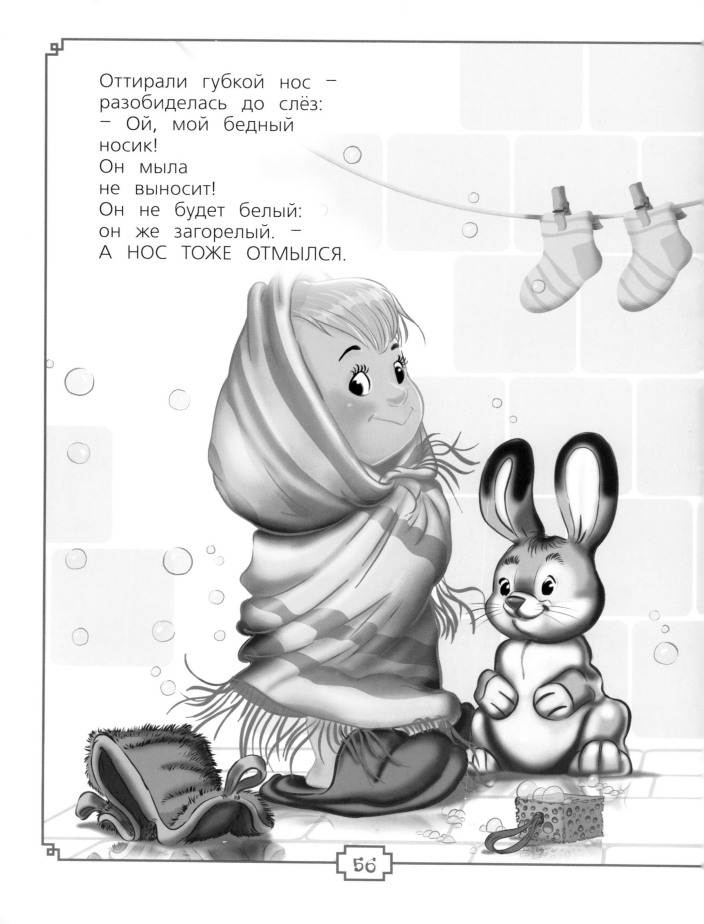

Отмывали полосы –
кричала громким
голосом:
– Ой, боюсь щекотки!
Уберите щётки!
Не будут пятки белые,
они же загорелые. –
А ПЯТКИ ТОЖЕ ОТМЫЛИСЬ.

– Вот теперь ты белая,
Ничуть не загорелая.
ЭТО БЫЛА ГРЯЗЬ.

ДУМАЮТ ЛИ ЗВЕРИ?

Я думаю о том:
Умеют думать звери?
Вот, шевельнув хвостом,
Котёнок входит в двери,
Он думает о том,
Что будет с ним потом?

Есть мысли у телят?
Я видел, как телята
Хвостами шевелят
И вдаль глядят куда-то.

Бывают у собак
Нерадостные мысли,
Задумается пёс –
И уши вниз повисли.

Я думаю про птиц:
Должны подумать птицы,
Куда им полететь
И где им приютиться,
Должны, в конце концов,
Подумать про птенцов!

Я бабушку спросил:
– Умеют думать звери? –
Она сказала: – Нет. –
Но я ещё проверю.

БЕСТОЛКОВЫЙ РЫЖИК

Как воспитывать щенков,
Знаю я из книжек,
Но ужасно бестолков
Годовалый Рыжик.

Каждый день учу щенка –
Достижений нету!
Невоспитанным пока
Ходит он по свету.

Сахар сразу он берёт,
Очень любит ласку,
А скомандуешь «Вперёд!» –
Лезет под терраску.

Нарисованный щенок
В книжке, на обложке,
Нарисованный щенок
Спит в объятьях кошки.

Рыжик к дружбе не готов –
Он рычит на всех котов.
Очень жаль, что Рыжик
Не читает книжек.

Я ВЫРОСЛА

Мне теперь не до игрушек –
Я учусь по букварю,
Соберу свои игрушки
И Серёже подарю.

Деревянную посуду
Я пока дарить не буду.
Заяц нужен мне самой –
Ничего, что он хромой,

А медведь измазан слишком...
Куклу жалко отдавать:
Он отдаст её мальчишкам
Или бросит под кровать.

Паровоз отдать Серёже?
Он плохой, без колеса...
И потом, мне нужно тоже
Поиграть хоть полчаса!

Мне теперь не до игрушек –
Я учусь по букварю...
Но я, кажется, Серёже
Ничего не подарю.

ПОСТОРОННЯЯ КОШКА

Мы до сих пор не поняли:
О чём же вышел спор?
К нам кошка посторонняя
Вчера пришла во двор.
А мамы из окошек
Бранят нас из-за кошек:
– Не подходи к ней близко,
Тебя царапнет киска!
– Тут ходят кошки разные...
А вдруг они заразные?

И пошло, как говорится,
Расшумелся весь подъезд,
А у мам такие лица,
Будто к нам пришла тигрица
И вот-вот кого-то съест!

Кричит с балкона бабушка,
Старушка в тёмной шали:
— Ну чем, скажи, пожалуйста,
Вам кошки помешали?

— Но мы её не гоним прочь! —
Тут все затараторили. —
Пускай сидит хоть день и ночь
На нашей территории.
Вы нас неверно поняли,
Ей не желаем зла...
Но кошка посторонняя
Обиделась, ушла.

УЕХАЛИ

Щенка кормили молоком,
Чтоб он здоровым рос.
Вставали ночью и тайком
К нему бежали босиком —
Ему пощупать нос.

Учили мальчики щенка,
Возились с ним в саду,
И он, расстроенный слегка,
Шагал на поводу.

Он на чужих ворчать привык,
Совсем как взрослый пёс,
И вдруг приехал грузовик
И всех ребят увёз.

Он ждал: когда начнут игру?
Когда зажгут костёр?
Привык он к яркому костру,
К тому, что рано поутру
Труба зовёт на сбор.
И лаял он до хрипоты
На тёмные кусты.

Он был один в саду пустом,
Он на террасе лёг.
Он целый час лежал пластом,
Он не хотел махать хвостом,
Он даже есть не мог.

Ребята вспомнили о нём –
Вернулись с полпути.
Они войти хотели в дом,
Но он не дал войти.

Он им навстречу, на крыльцо,
Он всех подряд лизал в лицо.
Его ласкали малыши,
И лаял он от всей души.

ДОЖДЬ В ЛЕСУ

Мы ходили по грибы,
Забирались под дубы.
Вдруг — дождь! Да какой!
Стала просека рекой!

Я гляжу из-под плаща,
Как, треща и трепеща,
Гнутся ветки на весу,
Дождь в лесу! Дождь в лесу!

Нету больше тишины.
Мы стоим оглушены:
Ливень с ветром пополам
Бьёт по веткам, по стволам!

Ветер, ветер захлестал,
Листья все перелистал.
Дождь в лесу! Дождь в лесу!
Не грибы домой несу —
Одни дождинки на носу.

БОРИС ЗАХОДЕР
КАК ПРИХОДИТ ЛЕТО

МОЙ ЛЕВ

Подарил мне папа
Льва!
Ох, и струсил я сперва!
Я два дня
Его боялся,
А на третий —
Он сломался!

ДОЖДИК

Дождик песенку поёт:
Кап, кап...
Только кто её поймёт –
Кап, кап?
Не поймём ни я, ни ты,
Да зато поймут цветы,
И весенняя листва,
И зелёная трава...
Лучше всех поймёт зерно:
Прорастать
Начнёт
Оно!

ЛИСА И КРОТ

— Славный домик,
Милый Крот,
Только больно
Узкий вход!

— Вход, Лисичка,
В самый раз:
Он не впустит
В домик вас!

СОВА

Мудрейшая птица на свете —
Сова.
Всё слышит,
Но очень скупа на слова.
Чем больше услышит —
Тем меньше болтает.
Ах, этого многим из нас
Не хватает!

КИСКИНО ГОРЕ

Плачет Киска в коридоре.
У неё
Большое горе:
Злые люди
Бедной Киске
Не дают
Украсть
Сосиски!

СОБАЧКИНЫ ОГОРЧЕНИЯ

В лесочке, над речкой,
Построена дачка.
На дачке живёт
Небольшая Собачка.
Собачка довольна
И лесом и дачей,
Но есть огорчения
В жизни собачьей.

Во-первых,
Собачку слегка раздражает,
Что дачу высокий
Забор окружает.
Ведь если б не этот
Противный забор,
То с кошками был бы
Другой разговор!

Её огорчает,
Что люди забыли
Придумать
Собачкам
Автомобили.
Собачка
Обиды терпеть не желает:
Она на машины отчаянно лает!

Ей грустно
Глядеть на цветочные грядки:
Они у хозяев
В таком беспорядке!
Однажды
Собачка
Их славно вскопала —
И ей же, представьте,
За это попало!

Хозяин
Собачку
За стол не сажает —
И это, конечно,
Её обижает:
Не так уж приятно
Приличной Собачке
Сидеть на полу,
Ожидая подачки!..

Но дайте Собачке
Кусочек печенья —
И сразу
Окончатся
Все огорченья!

ЧТО СНИТСЯ МОРЖУ

Что может, ребята,
Присниться
Моржу?
Никто вам не скажет,
А я — расскажу.
Снятся моржу
Хорошие сны:
Африка снится,
Львы и слоны,

Доброе солнце,
Жаркое лето,
Снится земля
Зелёного цвета...
Снится,
Что дружит он
С белым медведем...
Снится,
Что мы к нему в гости
Приедем!

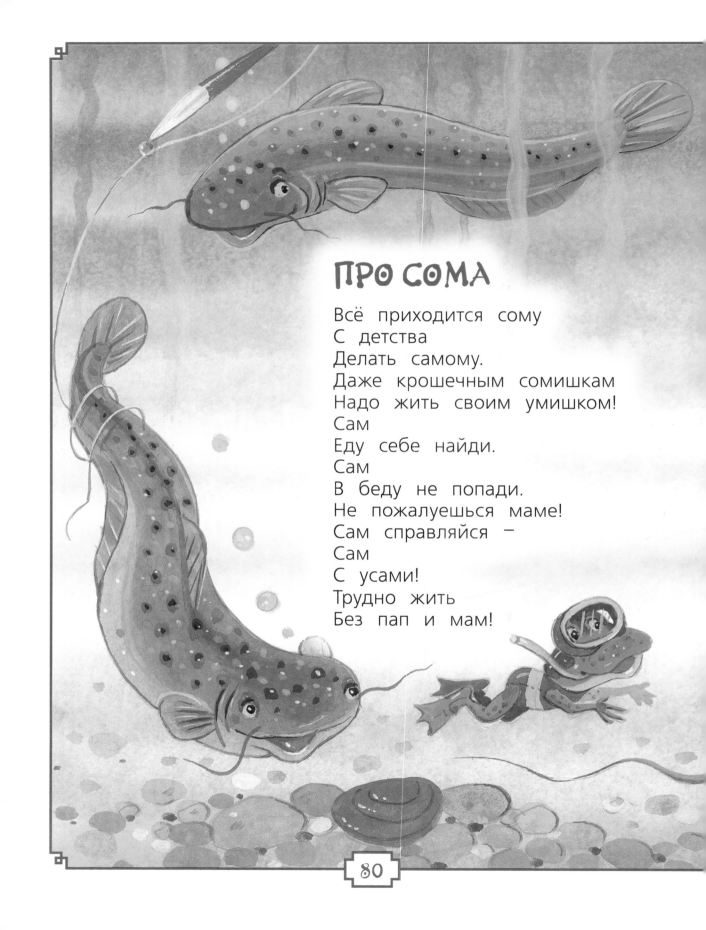

ПРО СОМА

Всё приходится сому
С детства
Делать самому.
Даже крошечным сомишкам
Надо жить своим умишком!
Сам
Еду себе найди.
Сам
В беду не попади.
Не пожалуешься маме!
Сам справляйся —
Сам
С усами!
Трудно жить
Без пап и мам!

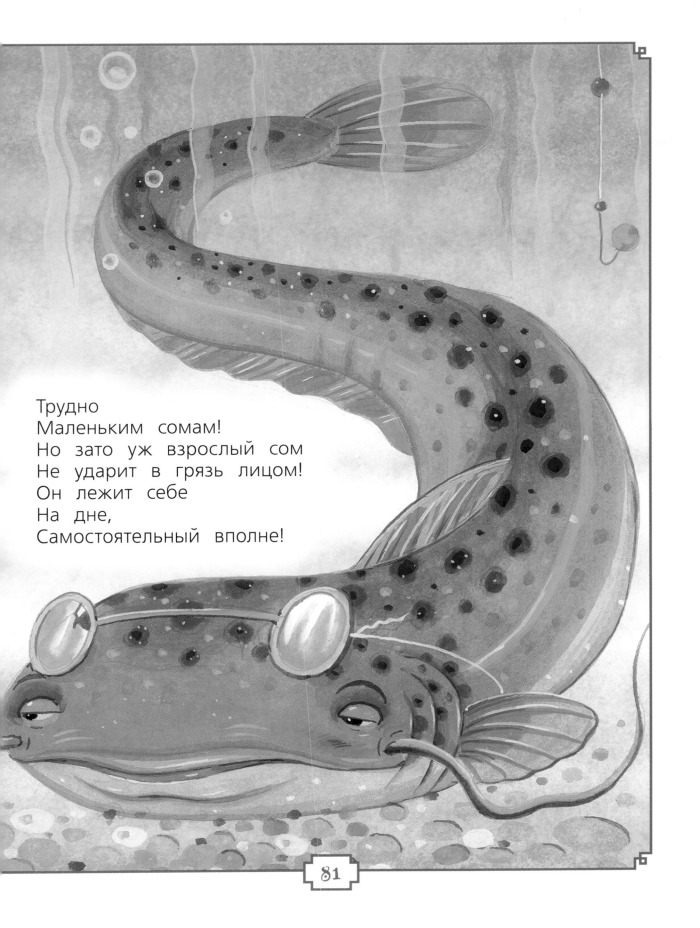

Трудно
Маленьким сомам!
Но зато уж взрослый сом
Не ударит в грязь лицом!
Он лежит себе
На дне,
Самостоятельный вполне!

КИТ И КОТ

К. И. Чуковскому

В этой сказке
Нет порядка:
Что ни слово –
То загадка!
Вот что
Сказка говорит:
Жили-были
КОТ
и
КИТ.

КОТ – огромный, просто страшный!
КИТ был маленький, домашний.
КИТ мяукал.
КОТ пыхтел.
КИТ купаться не хотел,
Как огня воды боялся.
КОТ всегда над ним смеялся!

Время так проводит
КИТ:
Ночью бродит,
Днём храпит.
КОТ
Плывёт по океану,
КИТ
Из блюдца ест сметану.
Ловит
КИТ
Мышей на суше.

КОТ
На море бьёт
Баклуши!

КИТ
Царапался, кусался,
Если ж был неравен спор —
От врагов своих спасался,
Залезая на забор.

Добрый КОТ
Ни с кем не дрался,
От врагов
Уплыть старался:
Плавниками бьёт волну
И уходит
В глубину...

КИТ
Любил залезть повыше.
Ночью
Песни пел на крыше.
Позовёшь его:
— Кис, кис! —
Он охотно
Спрыгнет вниз.

Так бы всё и продолжалось,
Без конца, само собой.
Но
Развязка приближалась:
В море
Вышел
Китобой.

Зорко смотрит
Капитан.
Видит — в море
Бьёт фонтан.
Он команду подаёт:
— Кит по курсу!
Полный ход!

Китобой
Подходит к пушке...
Пушки — это не игрушки!
Я скажу
Начистоту:
Не завидую
КИТУ!

— Мама! —
Крикнул китобой,
Отскочив от пушки. —
Что же это?..
Хвост трубой...
Ушки на макушке...

Стоп, машина!
Брысь, урод!
Эй, полундра:
В море — КОТ!
— Успокойся!
Что с тобой?
— Я, — кричит, — не котобой!
Доложите капитану —
Я стрелять в кота не стану!
Наказать я сам готов
Тех, кто мучает котов!

«Всем-всем-всем! —
Дрожа, как лист,
Телеграмму шлёт радист. —
Всем-всем-всем!
На нас идёт
Чудо-Юдо Рыба-Кот!
Тут какая-то загадка!
В этой сказке нет порядка!
Кот обязан жить на суше!
SOS (Спасите наши души!)»

И в ответ
На китобазу
Вертолёт
Садится сразу.
В нём
Ответственные лица
Прилетели из столицы:
Доктора,
Профессора,
Медицинская сестра,
Академик по Китам,
Академик по Котам,
С ними семьдесят студентов,
Тридцать пять корреспондентов,
Два редактора с корректором,
Кинохроника с прожектором,
Юные натуралисты
И другие специалисты.
Все на палубу спустились,
Еле-еле разместились.
Разбирались
Целый год –
Кто тут КИТ
И где тут КОТ.

Обсуждали, не спешили.
И в конце концов
Решили:
«В этой сказке нет порядка.
В ней ошибка,
Опечатка:
Кто-то,
Против всяких правил,
В сказке буквы переставил,
Переправил
«КИТ» на «КОТ»,
«КОТ» на «КИТ», наоборот!»

Ну,
И навели порядок:
В сказке больше нет загадок.
В океан
Уходит КИТ,
КОТ на кухне
Мирно спит...

Всё как надо,
Всё прилично.
Сказка стала – на «отлично»!
Всем понятна и ясна.

Жаль,
Что кончилась
Она!..

КАК ПРИХОДИТ ЛЕТО

Всё зима... А где же лето?
Звери, птицы! Жду ответа!

— Лето, —
Ласточка считает, —
Очень скоро прилетает.
Лету нужно торопиться,
И оно летит, как птица!

— Прилетает? —
Фыркнул Крот. —
Под землёй оно ползёт!
Говорите,
Скоро лето?
Не надеюсь я на это!

Проворчал Топтыгин:
— Лето
Спит в своей берлоге
Где-то...

Конь заржал:
— А где карета?
Я сейчас
Доставлю лето!

— Лето, —
Зайцы мне сказали, —
Сядет в поезд на вокзале,
Потому что может лето
Ездить зайцем —
Без билета!

СЧИТАЛОЧКА

Жили-были два соседа,
Два соседа-людоеда.
Людоеда
Людоед
Приглашает
На обед.
Людоед ответил: — Нет,
Не пойду к тебе, сосед!
На обед попасть не худо,
Но отнюдь
Не в виде
Блюда!

СПЯЩИЙ ЛЕВ

Этот лев
Совершенно
Сыт —
Оттого он
Спокойно
Спит.
Но не пробуй
К нему
Прикоснуться,
Потому что
Он может
Проснуться!
Львов
Не следует
Трогать руками.
Объясни это
Папе и маме!

БОЧОНОК СОБАЧОНОК

— Дайте мне
Кусок щекотки,
Дайте смеха —
Две щепотки,
Три столовых ложки
Ветра
И грозы —
Четыре метра!
Писку-визгу —
Двести граммов
Плюс пол-литра
Шумов-гамов
Да ещё
Глоток верёвки
И моточек газировки!

— Дам я всё,
Что вы хотите,
Если вы
В обмен дадите
Тюк
Мальчишек,
Пук
Девчонок
Да бочонок
Собачонок!

НИКТО

Завёлся озорник у нас.
Горюет вся семья.
В квартире от его проказ
Буквально нет житья!

Никто с ним, правда, не знаком,
Но знают все зато,
Что виноват всегда во всём
Лишь он один — НИКТО!

Кто, например, залез в буфет,
Конфеты там нашёл
И все бумажки от конфет
Кто побросал под стол?

Кто на обоях рисовал?
Кто разорвал пальто?
Кто в папин стол свой нос совал?
НИКТО, НИКТО, НИКТО!

– НИКТО – ужасный сорванец! –
Сказала строго мать. –
Его должны мы наконец
Примерно наказать!
НИКТО сегодня не пойдёт
Ни в гости, ни в кино!

Смеётесь вы?
А нам с сестрой
Ни капли не смешно!

ПОЧЕМУ?

(Из В. Смита)

Почему у собаки четыре ноги?
Почему?
Почему в темноте мы не видим ни зги?
Почему?
Почему это трубы дымят и трубят?
Почему так похож на яйцо абрикос?
Почему хорошо,
Что никто, никогда, ни за что
                                  не отучит ребят
Задавать этот трудный-претрудный
                                  вопрос –
ПОЧЕМУ?

ПЕСНЯ ПРО ОСТРОВ ГДЕТОТАМ

(Из пьесы «Питер Пэн»)

Любят все без исключения
Славный остров Гдетотам –
Тут за нами приключения
Так и ходят по пятам.

Потому и называется
Этот остров Гдетотам,
Потому что тут сбывается
Всё, что только снится нам.

И пока умеют дети
Верить сказкам и мечтам,
Будет, будет на планете
Славный остров Гдетотам!

РАЗГОВОР В СУМЕРКАХ

(Из Д. Уоллеса)

Воскликнул Кролик:
— Мне везёт!
Я превратился
В вертолёт!
Плати морковку за билет —
И облетишь
Весь белый свет!
А Гриб сказал:
— Я стал зонтом,
Ведь я всю жизнь
Мечтал о том!

Отныне
В дождик проливной
Кто хочешь
Прячься подо мной!
Олень сказал:
— Чего я жду?
Я вешалкой служить иду!
Но без конфетки
Ни за что
Не буду отдавать
Пальто!
Вдруг все услышали Сову:
— Довольно бредить наяву!
Ложитесь спать.
Одним сычам
Прилично ухать по ночам!
И все решили,
Что Сова
Вполне права,
Вполне права.
Вам тоже спать давно
                    пора.
Спокойной ночи,
                    детвора!

ПРО ЛЕТАЮЩУЮ КОРОВУ

Очень многие
Считают,
Что Коровы не летают,
Так что я
Беру с вас слово:
Кто увидит, что Корова
Пролетает в вышине,
Тот,
Договорившись с мамой,
Пусть сейчас же телеграммой
(Лучше – срочной телеграммой!)
Сообщит об этом мне!

АНДРЕЙ УСАЧЁВ
ПЛАНЕТА КОШЕК

МЕДВЕДЬ

Как медведю спится
В Новый год?
Что медведю снится? –
Свежий мёд.

То одну он лапу
Сунет в пасть,
То другую лапу
Лижет всласть.

Из берлоги слышен
Громкий храп...
Жалко, что у мишки
Мало лап.

ГЛИНЧИКИ

Я сижу в песке, пока
Мама жарит блинчики.
Я из глины и песка
Приготовлю глинчики.
Глинчики — песочные,
Вкусные и сочные!

ЩЕНОК

На крылечке из снежка
Я слепил себе Дружка.

Очень милый, очень белый
На крыльце щенок лежал.
А потом он лужу сделал...
И, наверно, убежал.

ПУДИНГ

Англичане любят
Есть на завтрак ПУДИНГ,
Потому что ПУДИНГ –
Очень вкусный БЛЮДИНГ.

Тот, кто любит ПУДИНГ
И часто ходит в ГОСТИНГ,
Не бывает ХУДИНГ,
А бывает ТОЛСТИНГ.

КОНФЕТА

Конфета – это вкусно.
Конфета – это сладко.
Но лучшая конфета –
Большая шоколадка!

ПАЛКА

Я нашёл сегодня палку,
Не простую палку:
А сражалку, и скакалку,
И гусей-гонялку...

Я леску привяжу на палку –
Пойду на речку. На рыбалку!

БОТИНОК

В лопухах лежит Ботинок,
Здоровеннейший Ботин.

– Где, Ботинок, твой Братинок?
Почему лежишь один?

Вы друг с другом разошлись
И друг с другом не нашлись?

ХВОСТЫ

Нам, конечно, скажешь ты,
Для чего нужны хвосты?

Хвост приделан у коров —
Мух гонять и комаров.

Рыбе — чтобы им грести,
А удаву — чтоб ползти.

Крокодилам – чтобы драться,
Обезьянам – чтоб цепляться.

Многим зверям нужен хвост
Прикрывать зимою нос.
След запутать – у лисы.
У павлина – для красы.

Есть хвосты – чтобы вилять,
Угрожать и щеголять...
Для всего нужны хвосты,
В том числе для красоты!

КУРИНАЯ СЧИТАЛКА

Нелегко считать цыпляток –
Их у курицы десяток:

Этот вот забрался в таз –
РАЗ.
А другой полез в дрова –
ДВА.
В клюв лягушку не бери!
Это – ТРИ.
Вот ЧЕТВЁРТЫЙ спрыгнул в яму –
Уморить он хочет маму!
В лужу норовит опять –
Это ПЯТЬ!

Под крыльцо собрался лезть –
Это ШЕСТЬ!
Куд-куда! Не лезь на горку...
СЕМЬ – ему устрою порку!
ВОСЕМЬ – прыгнул в конуру...
Нет, ей-богу, я умру!
Где ДЕВЯТЫЙ? Быстро брось! –
Это не червяк, а гвоздь!
Вот ДЕСЯТЫЙ. Он – хороший...
Стой, куда? Не лезь в галошу!

Погодите! Куд-куда?
Разбежались кто куда...
Только всех пересчитала –
Начинай считать сначала!

ШУРШАЩАЯ ПЕСНЯ

Шуршат осенние кусты,
Шуршат на дереве листы.
Шуршит камыш,
И дождь шуршит,
И мышь, шурша,
В нору спешит.

А там тихо-онечко шуршат
Шесть шустрых маленьких мышат...

Но все вокруг возмущены:
— Как расшуршались шалуны!

Шуршат на малышей кусты.
Шуршат им с дерева листы.
Шуршит рассерженный камыш.
И дождь шуршит,
И мама-мышь —
Весь лес шуршит им:
— Шалуны,
Не нарушайте тишины!

Но их не слышат шесть мышат.
Давно мышата не шуршат.
Они легли пораньше спать,
Чтоб не мешать
        большим
            ШУРШАТЬ!

ПЫЛЬНАЯ ПЕСЕНКА

По полю дорожка кружи́т.
По дорожке лошадка бежит.
За лошадкой тележка звенит.
А в тележке собачка лежит.

Дорожка скрипит: скрип-скрип.
Лошадка бежит: цок-цок.
Тележка звенит: дзынь-дзынь.
А собачка с тележки: «Гав-гав».

А за ними дорожка пылится.
А за ними пылища клубится.
И несётся за ними песок
Через поле и наискосок.

И дорожка исчезла в пыли.
И лошадка пропала в пыли.
И тележки с собачкой не видно,
Только слышно, как где-то вдали...

Дорожка скрипит: скрип-скрип.
Лошадка бежит: цок-цок.
Тележка звенит: дзынь-дзынь.
А собачка с тележки не лает,
Потому что собачка чихает: «АПЧХИ!»

ЖУЖЖАЩАЯ ПЕСНЯ

Встретил я в лесу ежа.
Ёж лежал в лесу, ЖУЖЖА.

Я спросил ежа: — Скажите,
Отчего вы так жужжите?

Ёж сказал: — Я не жужжу,
После ужина лежу.
Я на ужин съел ужа,
Может, он лежит, жужжа.

Я сказал ужу: — Скажите,
Отчего вы так жужжите?

Уж в ответ: – Я не жужжу.
После ужина лежу.
Жабу съел я у болота.
Может, ей жужжать охота.

Жабе я кричу: – Скажите,
Отчего вы так жужжите?

Жаба квакнула ужу:
– И совсем не я жужжу.
Проглотила я жука,
Жук жужжит наверняка.

Все кричат жуку: – Скажите,
Отчего вы так жужжите?

– Ну, жужжу, – ответил жук. –
Иждаю нормальный жвук...
Я всегда, когда лежу
После ужина, жужжу!

ПЛАНЕТА КОШЕК

Есть где-то Кошачья планета.
Там кошки, как люди, живут:
Читают в постели газеты
И кофе со сливками пьют.

У них есть квартиры и дачи,
Машины и прочий комфорт.
Они обожают рыбачить
И возят детей на курорт.

Летают в заморские страны.
Находят алмазы с кулак.
Сажают на клумбах тюльпаны
И даже разводят собак.

Роскошная жизнь на планете
У кошек, котов и котят!
Но странные жители эти
Всё время о чём-то грустят...

Как много игрушек хороших!
Как много пластинок и книг!..
Вот нет только кошек у кошек.
Ах, как же им грустно без них!

ОЧЕНЬ СТРАННЫЙ РАЗГОВОР

Контролёр зашёл в трамвай:
— Что такое? Ай-ай-ай!

Прямо под сиденьем,
Прячась и моргая,
Белая собачка
Ехала в трамвае.

Удивился контролёр.
На неё глядит в упор:
— Попрошу, гражданка,
Предъявить билет!

А ему собачка
«У-у!» скулит в ответ.

– Что за странный разговор? –
Возмутился контролёр. –
Нет билета – выйдите,
Будьте так добры!

А ему собачка
Отвечала: «Рр-ры!»

– Это что за разговор! –
Рассердился контролёр. –
Не хотите выходить –
Заплатите штраф!

А ему собачка
Отвечала: «Аф!»

Растерялся контролёр:
– Очень странный разговор...
Пассажиры,
Вы скажите –
Разве я не прав?

Пассажиры хором
Отвечали: – Аф!

ЕСЛИ ВЫ СОБРАЛИСЬ В ГОСТИ

Если вы собрались в гости,
А собака – у ворот,
Колбасы собаке бросьте
Или с сыром бутерброд.
Киньте ей сардельку в миску,
Можно свежую сосиску,
После парочки котлет
Предложите ей паштет.
Подложите псу тушёнку,
Ножку курицы, печёнку,
Наконец, кидайте фарш
И в ворота – смело марш!

А собака зарычала –
Начинайте всё сначала:

ЕСЛИ ВЫ СОБРАЛИСЬ В ГОСТИ...

РАНО ИЛИ ПОЗДНО

Кто приходит в гости поздно –
Поступает несерьёзно.
Исчезают со стола
И халва, и пастила.

Достаются только кости
Тем, кто поздно прибыл в гости!

Кто приходит в гости рано,
Поступает тоже странно...
На хозяине – халат,
Или в доме вовсе спят.

И глядят, как на барана,
На того, кто прибыл рано.

Приходить старайтесь в гости
Точно в названный вам час.
Или – рано или поздно –
В гости звать не станут вас!

СТАЯ И СТАДО

Чем отличается стадо от стаи?
Стадо пасётся.
А стая – летает.

Стая гусей улетает на юг.
А стадо гусей ковыляет на луг.

В этом отличие стаи от стада.
Это запомнить как следует надо!

ЛУНА

Твердила на пальме своей обезьяна:
– Луна – это сорт неизвестный банана!

Мышонка из норки пищал голосок:
– Луна – это спелого сыра кусок!

– Луна, – говорили верблюды в пустыне, –
Чудесная долька огромнейшей дыни!

И лишь человек всё вздыхал у окна:
– Луна...
Что же это такое – Луна?

ПОДАРОК

Моей знакомой лошади
Сегодня восемь лет.

Подарю я лошади
Цветов большой букет.

Лошадь их поставит в вазу
И не будет кушать сразу.

ПРИГЛАШЕНИЕ УЛИТКЕ

Послал я приглашения:
«Сегодня, ровно в шесть,
С ужасным нетерпением
Вас жду на день рождения...
Пирог клубничный есть!»

Друзья явились точно в срок:
Был съеден праздничный пирог
И выпиты напитки.
Пришли жираф и носорог,
Влетели сразу семь сорок...
Лишь не было улитки.

Она вползла через три дня
С букетом незабудок:
«Мой друг! Прошу простить меня —
Я шла к вам трое суток...
И вам вручить букет спешу.
Спасибо! До свидания!
Но в следующий раз прошу
Позвать меня ЗАРАНЕЕ!»

СОДЕРЖАНИЕ

КОРНЕЙ ЧУКОВСКИЙ. КОТАУСИ И МАУСИ

Английские народные песенки

АГНИЯ БАРТО. ДЕЛО БЫЛО В ЯНВАРЕ

БОРИС ЗАХОДЕР. КАК ПРИХОДИТ ЛЕТО

АНДРЕЙ УСАЧЁВ. ПЛАНЕТА КОШЕК

Литературно-художественное издание
Для детей до трех лет
Серия «Лучшие книги для малышей»

МОИ ПЕРВЫЕ СТИХИ

Художники: И. Есаулов, И. Панков, В. Коркин, И. Якимова

Дизайн обложки В. И. МИТЯНИНОЙ

Ответственный редактор Т. А. НИКОЛЬСКАЯ
Художественный редактор М. В. ПАНКОВА
Технический редактор Е. С. ГУСЕВА
Корректор Л. А. ЛАЗАРЕВА
Верстка В. В. НИКИТИНА

Подписано в печать 15.12.14.
Формат 84×108 ¹/₁₆. Бумага мелованная. Печать офсетная.
Усл. печ. л. 13,44. ID 25914. Доп. тираж 7000 экз. Заказ № 4632.

ЗАО «РОСМЭН».
Почтовый адрес: 127018, г. Москва, ул. Октябрьская, д. 4, корп. 2. Тел.: (495) 933-71-30.
Юридический адрес: 117465, г. Москва, ул. Генерала Тюленева, д. 29, корп. 1.

*Наши клиенты и оптовые покупатели могут оформить заказ,
получить опережающую информацию о планах выхода изданий
и перспективных проектах в Интернете по адресу:*
www.rosman.ru

ОТДЕЛ ПРОДАЖ:
(495) 933-70-73; 933-71-30;
(495) 933-70-75 (факс).

Дата изготовления: январь 2015 г.
Отпечатано в России.

0+
Знак информационной
продукции согласно
Федеральному закону
от 29.12.2010 г.
№ 436-ФЗ

Отпечатано с электронных носителей издательства.
ОАО "Тверской полиграфический комбинат". 170024, г. Тверь, пр-т Ленина, 5.
Телефон: (4822) 44-52-03, 44-50-34, Телефон/факс: (4822)44-42-15
Home page - www.tverpk.ru Электронная почта (E-mail) - sales@tverpk.ru

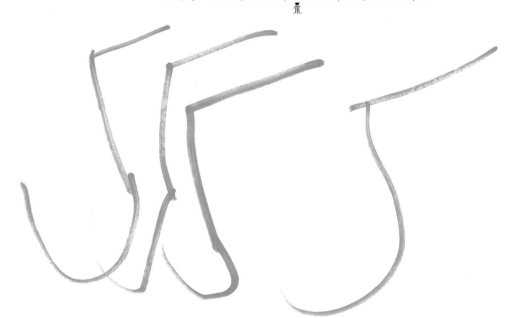

S